VENTE AUX ENCHÈRES PUBLIQUES
HOTEL DROUOT, SALLE N° 8
LE JEUDI 12 DÉCEMBRE 1912
à deux heures

Boîtes, Étuis, Tabatières

MONTRES ET MINIATURES

OBJETS DE VITRINE — OBJETS VARIÉS

ARGENT ET MÉTAL

Appartenant à Monsieur X...

EXPOSITION PUBLIQUE
LE MERCREDI 11 DÉCEMBRE 1912
De 2 heures à 6 heures

COMMISSAIRES-PRISEURS

M^e^ CH. DUBOURG	Me F. LAIR-DUBREUIL
8, rue d'Alger	6, rue Favart

EXPERT

M. GEORGES GUILLAUME, 13, rue d'Aumale
PARIS

CONDITIONS DE LA VENTE

Elle sera faite au comptant.

Les adjudicataires paieront *dix pour cent* en sus des enchères.

L'exposition mettant le public à même de se rendre compte de l'état et de la nature des objets, aucune réclamation ne sera admise une fois l'adjudication prononcée.

Paris. — Imp. de l'Art, Ch. Berger, 41, rue de la Victoire.

DÉSIGNATION

ARGENT ET MÉTAL

1 — Plateau en argent de forme contournée. Style Louis XV.

2 — Cafetière en argent ciselé; pied-griffe à feuillages; couvercle à pomme de pin et goulot à tête d'aigle.

3 — Cafetière en argent ciselé et martelé posant sur trois pieds-grifles; couvercle à pomme de pin et bec à tête de cheval.

4 — Petite verseuse en argent à bec-serpent et anse-volute ; culot et couvercle à cannelures.

5 — Très petite verseuse en argent, à feuillages.

6-7 — Trois verseuses, deux bouilloires et une buire en argent. (Seront divisées.)

8 — Sucrier à poudre en argent gravé et giselé, décoré de feuillages; couvercle vissé à flammes.

9 — Sucrier à pied en argent repoussé à coquilles et feuillages, muni d'un couvercle à fleurs et de deux anses-volutes.

10 — Saucière en argent posant sur base à quatre píeds et munie d'une anse à feuillages.

11 — Légumier et son plateau en argent, muni d'anses, couvercle à fruits.

12 — Réchaud en argent à bord ajouré.

13 — Petit seau en argent muni d'une anse.

14-15 — Quatorze salières variées, cinq poivriers et un moutardier en argent repoussé et ajouré. (Seront divisés.)

16 — Deux pots à lait en argent ciselé.

17 — Deux timbales variées en argent.

18 — Dix petits gobelets à liqueur, en argent, de style rocaille.

19 — Bouchon garni d'une figurine de chien et sainte-icone en argent.

20-21 — Trois pinces à sucre, quinzes petites pelles variées, onze cuillers et cinq brochettes en argent. (Seront divisées.)

22-23 — Quatre chandeliers et trois flambeaux, de formes variées, en argent. (Seront divisés.)

24-25 — Cinq parties supérieures de calices ou de monstrances, quatre bases de salières et deux socles en argent. (Seront divisés.)

26 — Quatre cachets en argent.

27 — Garniture de chemise, composée de quatre boutons en argent, ornés d'opales.

28 — Deux petites croix en or ; deux autres en acier et strass.

29 — Quinze épingles à chapeaux et autres en argent et cuivre, ornées de strass, corail et pierres diverses. (Seront divisées.)

30 — Trois épingles de cravates en or et dix autres en argent et métal. (Seront divisées.)

31-32 — Trente-cinq broches variées en métal ou argent ciselé, formées de petites miniatures, anciens boutons, pendentifs, médailles, coqs de montres, ornées de marcassite, cailloux du Rhin et pierres diverses. (Seront divisées.)

33 — Dix-sept bagues variées en argent et en métal, ornées de pierres de couleurs. (Seront divisées.)

34-35 — Lot de boucles de ceinture, agrafes, plaquettes de col, pendentifs, boutons d'oreilles, médaillons et ornements divers en argent et métal. (Sera divisé.)

36 — Douze séries de boutons en argent et métal. (Seront divisés.)

37 — Deux manches d'ombrelles en argent, présentant des têtes d'enfants.

38 — Trois bénitiers variés en argent repoussé, et deux motifs d'appliques en argent et filigrane d'argent, sur velours.

39 — Petit modèle d'encensoir en argent.

40 — Porte-cigarette en argent niellé, à constructions. Porte-allumettes en argent niellé et quatre boîtes variées en argent, à quadrillages.

41 — Deux médaillons-reliquaires en argent ajouré et émail.

42 — Six breloquets ou châtelaines en argent, portant divers cachets ou clés de montres.

43 — Quatre coupe-papier en argent.

44-45 — Lot de croix normandes, bijoux ajourés, et pendentifs en argent, ornés de pierres.

46 — Trois plaquettes en argent doré et émaillé.

47 — Mouchette et son plateau en argent ciselé et gravé, à fleurs et palmes. Plateau de mouchette à bords moulurés et contournés, orné de coquilles.

BOITES, ÉTUIS

NÉCESSAIRES, MINIATURES

48 — Boîte circulaire en cuivre, ornée au couvercle d'une plaque d'émail à rayures.

49 — Boîte circulaire en écaille brune, présentant au couvercle un sujet dans le goût flamand : Personnages et bestiaux.

50 — Boîte circulaire en écaille brune, incrustée d'ivoire, présentant au couvercle un sujet galant.

51 — Boîte circulaire en écaille brune, présentant au couvercle le portrait du Roi de Rome.

52 — Boîte circulaire en écaille brune, présentant au couvercle un buste de femme avec un rang de perles traversant les cheveux et la poitrine.

53 — Boîte circulaire en racine, présentant au couvercle le bas-relief en bronze doré de Maximilien-Joseph de Bavière, vu de profil.

54 — Boîte carrée en émail noir, présentant un sujet à personnages et paniers fleuris.

55 — Petite boite circulaire en émail, présentant un sujet de pêche.

56 — Boîte rectangulaire en émail à décors de fleurs et personnages.

57 — Boite circulaire en corne, doublée d'écaille; le couvercle orné d'une miniature : Amours s'exerçant au tir.

58 — Boîte rectangulaire en écaille brune avec application d'or.

59 — Boîte rectangulaire en émail, présentant des réserves à personnages sur fond jaune.

60 — Boîte en vermeil; le couvercle décoré au vernis d'un sujet idyllique.

61 — Boîte circulaire en pomponne, à fleurs et palmettes.

62 — Boîte circulaire en ivoire; le couvercle orné d'un fixé : Personnages au bord d'une rivière.

63 — Boîte circulaire en ivoire doublée d'écaille, le couvercle orné d'une scène de cabaret.

64 — Boîte circulaire en marble cerclée de cuivre; le couvercle orné d'une miniature : Portrait de femme décolletée et coiffée d'un chapeau de paille.

65 — Boîte circulaire en ivoire; couvercle à portrait de femme.

66 — Boîte circulaire en ivoire sculpté; couvercle à fleurs.

67 — Boîte circulaire plate en racine, renfermant une miniature : Portrait d'homme en tunique et cravate blanche.

68 — Boîte rectangulaire en nacre; couvercle à fleurs.

69 — Boîte circulaire en bois noir; le couvercle décoré au vernis d'un sujet maritime.

70 — Boîte rectangulaire en bois décoré au vernis; couvercle présentant un cheval.

71 — Grande boîte rectangulaire en bois doublé d'écaille; le couvercle décoré au vernis d'une scène de Moujiks en traineau.

72 — Boîte circulaire en écaille brune, présentant au couvercle une miniature: Portrait de femme à collerettes.

73 — Boîte triangulaire en lapis-lazuli ; monture en argent doré à moulure.

74 — Boîte circulaire en écaille brune, cerclée et incrustée d'or de deux couleurs ; couvercle à miniature ovale : Portrait d'homme.

75 — Boîte circulaire en corne, présentant au couvercle un sujet : la Mort de Turenne.

76 — Boîte rectangulaire en corne, présentant au couvercle un sujet : le Déluge.

77 — Boîte rectangulaire en émail, décorée de paysages en camaïeu rouge sur fond blanc.

78 — Grande boîte ovale en écaille brune ; le couvercle décoré au vernis d'une scène d'intérieur.

79 — Boîte circulaire en écaille brune, cerclée et pointillée d'or.

80 — Boîte circulaire en buis sculpté, doublée d'écaille, présentant au couvercle une allégorie de bataille.

81 — Boîte circulaire en écaille ; le couvercle orné d'une miniature de l'école anglaise : Portrait de femme.

*

82 — Boîte circulaire en écaille brune, présentant au couvercle un sujet maritime en grisaille dans le goût de Vernet.

83 — Boîte rectangulaire en ivoire sculpté, présentant au couvercle un sujet rayonnant à mascarons, cariatides et coquilles.

84 — Boîte circulaire en bois sculpté, présentant au couvercle une Sainte Famille.

85 — Boîte circulaire en corne et écaille ; le couvercle décoré d'un sujet en ivoire sculpté : Prêtre en prière.

86 — Boîte ovale en bois décoré au vernis, à fleurettes et rayures ; elle est doublée et cerclée d'argent.

87 — Boite ovale en agate ; monture en cuivre.

88 — Deux petits étuis en bronze doré et ciselé, forme carquois.

89 — Etui en chagrin, présentant à l'intérieur une miniature : Portrait de femme.

90 — Etui en pomponne, orné de bustes dans des rocailles.

91 — Etui-nécessaire, de forme tonneau, en ébène garni d'argent, renfermant huit ustensiles variés.

92 — Deux petits étuis en nacre et petite boîte en écaille et os ; petite tabatière en buis.

93 — Nécessaire à ouvrage en ébène incrusté de nacre et de cuivre, renfermant cinq ustensiles en argent ou garnis d'argent.

94 — Petit nécessaire en bois noir, renfermant cinq ustensiles variés en argent ou garnis d'argent.

95 — Petit coffret plat en placage de nacre, doublé d'étoffe.

96 — Petit coffret rectangulaire en placage d'écaille brune, doublé de velours; couverele à miniature ovale : Portrait d'homme.

97-98 — Treize boîtes, bonbonnières ou tabatières en argent ciselé. (Seront divisées.)

99 — Miniature circulaire, présentant un sujet de l'histoire du Dante. Cadre en cuivre.

100 — Petite miniature ovale : Portrait d'un marquis. Cadre en cuivre.

101 — Miniature circulaire : Femme en robe blanche décolletée.

102 — Deux autres (époque 1830) : Femme en robe violette; Femme en robe bleue.

103 — Miniature circulaire ; Portrait d'homme en redingote bleue.

MONTRES

104 — Montre en or guilloché, ornée d'un petit rang de pointes en émail blanc. Époque Louis XVI.

105 — Montre en or, ornée d'un émail à sujet galant dans des ciselures à rocailles. Époque Louis XV.

106 — Petite montre en or émaillé de eouleur rouge, ornée d'un triple rang de demi-perles. Époque Louis XVI.

107 — Montre en or ciselé de deux couleurs, présentant un émail à sujet idyllique; le cadran est cerclé d'un rang de demi-perles, et le dos est également orné de huit petites perles. Époque Louis XVI.

108 — Montre en or de deux couleurs, ciselée, présentant un petit sujet au milieu d'une double rangée de points en relief et de guillochages. Époque Louis XVI.

109 — Grosse montre en argent; cadran émaillé, à sujet de chasse au cerf.

110 — Grosse montre en argent; cadran émaillé, à constructions, avec double boîtier décoré au vernis.

111 — Autre montre en argent; cadran émaillé, à constructions sur le bord d'un canal.

112 — Autre, à cadran émaillé, présentant des maisons rouges près d'un fleuve.

113 — Montre en argent ciselé, à quadrillages et sujet rayonnants.

114 — Grosse montre en argent mouluré.

115 — Grosse montre en argent ciselé, à rocailles, et marquée d'un chiffre.

116 — Montre en argent doré, ciselé et repoussé, présentant un sujet à trois personnages. Commencement du XVIIIe siècle.

117 — Montre en argent ciselé et repoussé, présentant un sujet de l'histoire romaine dans un encadrement à rocailles. Commencement du XVIIIe siècle.

118 — Montre en pomponne, ornée d'un émail bleu clair, présentant un sujet en camaïeu : Femme près d'un socle. Époque Directoire.

119 — Montre en pomponne, à ciselures de guirlandes, ornée d'un petit émail : Portrait de femme, dans un encadrement de strass; elle est portée par une châtelaine assortie. XVIIIe siècle.

120 — Montre en pomponne, ornée d'un émail : Portrait de femme en robe décorée de roses, dans un entourage de strass ; elle est portée par une châtelaine assortie à rayonnements. XVIIIe siècle.

121 — Grosse montre en pomponne, ornée d'un émail à sujet de deux personnages auprès d'un vase fleuri ; elle est ornée d'un double rang de strass et marquée de *Le Roy à Paris*. Époque Directoire.

122 — Grosse montre à double boîtier en acier repoussé et ajouré, ornée de figures. Travail allemand du XVIe siècle.

123 — Petite montre en métal et cuivre ajouré.

124 — Montre en métal, présentant un émail : Portrait de femme à chapeau fleuri. XVIIIe siècle.

125-126 — Seize montres variées en argent ou métal argenté. (Seront divisées.)

127 — Vingt-cinq cadrans de montres variés, en émail à décors divers. (Seront divisés.)

OBJETS DE VITRINE

OBJETS VARIÉS

128 — Pendulette en cuivre gravé ; cadran en émail.

129 — Deux plaques de patères en bronze ciselé, présentant des figures dans un rayonnement.

130 — Châtelaine en cuivre, portant deux breloques-camées et un cachet.

131 — Pendentif-reliquaire, forme cœur, en bronze argenté.

132 — Face-à-main en cuivre ciselé ; monocle à monture métallique.

133 — Pommeau de canne en pomponne, orné de strass, et manche d'ombrelle en ivoire sculpté.

134 — Huit boucles de ceintures en cuivre ou en acier, ornées de strass et petits camées. (Seront divisées.)

135 — Lot de clés de montres en cuivre gravé, certaines ornées de pierres.

136 — Petite série de poids en bronze.

137 — Six sonnettes variées et un éteignoir en bronze.

138 — Deux robinets et une clé en bronze argenté.

139 — Cadre circulaire en bronze ciselé à fleurettes.

140 — Petite saucière en métal argenté.

141 — Bas-relief ovale en métal argenté et repoussé : la Vierge, l'Enfant Jésus et saint Jean.

142 — Quatre bracelets en argent, cuivre et métal argenté, ornés de pierres.

143 — Huit boutons de costume en acier, ornés de pierres.

144 — Petite gourde à liqueurs en étain, à personnages.

145 — Douze anciens couteaux à manches d'ivoire, lames et garnitures en argent, dans leur écrin.

146 — Cinq couteaux à lames d'acier et manches en ébène, garnis d'argent ; trois autres d'un modèle différent à lames d'argent ; autre couteau à manche en argent, de style rocaille.

147 — Ancien couteau à manche d'agate et canif en argent et nacre.

148 — Figurine de saint Michel en ivoire sculpté sur socle en bois noir.

149 — Deux cachets en ivoire sculpté ; autre en agate et cinq autres en bronze et acier.

150 — Eventail en ivoire ajouré.

151 — Deux lorgnettes en nacre et cuivre.

152 — Petit bas-relief en nacre, forme cœur, présentant un sujet de sacrifice ; encadrement en bronze ciselé. — Autre bas-relief en nacre, de forme ovale.

153 — Lot de jetons en nacre, gravés et ajourés.

154 — Deux peignes de chignon en écaille ajourée et deux autres en cuivre, l'un orné de perles.

155 — Paire de carafes en verre émaillé, à guirlandes et médaillon sur fond bleu.

156 — Neuf flacons à odeur variés, en cristal taillé, garnis d'argent.

157 — Petite plaque ovale, en biscuit de Wedgwood, présentant un char.

158 — Petit panneau peint : Portrait du roi de Pologne, dans la manière de Rigaud.

159 — Petite gravure rehaussée, dans un cadre rectangulaire en palissandre : Sainte Famille.

160 — Portefeuille et trois coffrets en étoffe brodée et autres.

161 — Bourse en tissage, munie de deux coulants en argent.

162 — Quatre épingles de chignons en écaille et pierres diverses.

163 — Camée : groupe de deux personnages.

164 — Objets omis.